Mark Sarg

„Akkreditieren Sie sich!“

Mark Sarg

„Akkreditieren Sie sich!“

Bizarre Kurzgeschichten

Goldene Rakete Verlag für Belletristik

Imprint

Cover image: www.ingimage.com

Publisher:
Goldene Rakete Verlag für Belletristik
is a trademark of
Dodo Books Indian Ocean Ltd., member of the OmniScriptum S.R.L Publishing group
str. A.Russo 15, of. 61, Chisinau-2068, Republic of Moldova Europe
Printed at: see last page
ISBN: 978-620-0-51918-4

INHALTSVERZEICHNIS

„ARRANGIEREN SIE SICH NICHT!“

„***Arrangieren*** Sie sich nicht ständig mit Ihren Wählern, sondern jagen Sie diese zum ***Teufel*** – wo sie hingehören. Vergessen Sie aber ***ja*** nicht, ihnen auch ***dabei*** hinterherzurennen!!“

Als Konsequenz dieser drastischen nächtlichen Eingebung ***änderte*** der scheinbar hoffnungslose Populist Edelzeck Schlammgack radikal seine Laufbahn – und wurde zum ***Heiligen***.

„ARRANGIEREN SIE SICH!“

„Arrangieren Sie sich mit mir, Fräulein, sonst sind wir geschiedene Leute!“

Da aber Frau Rebecca Sargblum gerade ***kein*** Fräulein mehr bleiben wollte, gab sie der ***Scheidung*** von Gemahl Malte den Vorzug.

„ARRANGIEREN SIE MICH NICHT!“

„Arrangieren Sie mich nicht unentwegt herum, ich bin doch keine ***Probiermamsell***!“

Genervt unterbrach Baronin Ottavia Sturmschädel die krampfhaften Eherettungsversuche von Baron Truthildo, indem er ihr im renommierten Modesalon „Le roi Delacroix“ ***einen*** unmöglichen Hut nach dem ***anderen*** aufsetzte und sie obendrein mit allerlei überflüssigen Accessoires zu „garnieren“ strebte.

Und da sie offenbar seine Bemühungen partout nicht zu schätzen wusste, ließ er sie schließlich beleidigt stehen – und erkor sich jemand ***anderen*** zur „Rettung“ aus.

„ARRANGIEREN SIE MICH!“

„Arrangieren Sie mich heute ***besonders*** festlich!“, bat Monsieur Maxime Dorfsack Madame Apolline zur Feier des Hochzeitstages.

Nur zu ***gern*** erfüllte sie ihm seinen Wunsch – und stülpte ihm die überaus prächtige ***Torte*** über den Kopf.

„PRÄPARIEREN SIE SICH!"

„Präparieren Sie sich unbedingt für den morgigen großen Auftritt!", erinnerte betulich Parteisekretär Callisto Dieselgott den Spitzenkandidaten Gaudenzio Schnauzkraut vor einer entscheidenden Wahlveranstaltung.

Worauf dieser noch rasch seinen Privatcoach Gustavio Stümpelmeyer konsultierte, um sich vor allem in den folgenden Disziplinen gründlich aufzufrischen:

Grunzen und Grölen;
Rechtzeitig in allgemeines, dröhnendes Gelächter einstimmen;
Sich selber zwischendurch regelmäßig Beifall spenden sowie Brust und Bauch beklopfen;
Unter allen Umständen der ***Mehrheit*** nach dem Maule reden;
Autogramme mit größter Ehrfurcht an ***jeder*** gewünschten Stelle, und sei es der blanke Allerwerteste, gewähren;
Und selbstredend ***immerdar*** absolute ***Trinkfestigkeit*** beweisen!

Und damit war der Wahlsieg wahrlich nicht mehr aufzuhalten!

„PRÄPARIEREN SIE SICH NICHT!“

„Präparieren Sie sich doch nicht jedes Mal!“, schüttelte Madame Rochelle Krenluder über Monsieur Anthelme den Kopf, der sich immer, wenn er seinen geliebten „Gourmet & Gourmand Club“ besuchte, einen künstlichen Bauch umhängte.

Weil er Angst hatte, sonst nicht für „voll“ genommen zu werden.

„PRÄPARIEREN SIE MICH!"

„Präparieren Sie mich für die Nacht!", unterwies Lord Rupert Greenlaus Lady Heather mit strenger Stimme.

Eifrigst holte sie ihm sogleich sein schnittiges Reiterkostüm nebst Peitsche und Stiefeln – und konnte es kaum ***erwarten***, bis es endlich so weit war!

„PRÄPARIEREN SIE MICH NICHT!“

„Präparieren Sie mich nicht wieder!“, warnte Papst Haspelmeyer der Unvergessene mit scherzhaft drohendem Zeigefinger seinen Kammerdiener Bolerio Feuchthaus – der ihm aus lauter Erbarmen vor einem Konzil gern eine Schlaftablette in den Tee tat.

Damit Seine Heiligkeit das „unnütze, aufmüpfige Geschwafel“ leichter ertragen könne.

„SCHIKANIEREN SIE MICH!“

„Schikanieren Sie mich nur ordentlich!“, ermunterte Luzifer in provokanter Demut Bischof Collabrio Knallzwirn bei einer nächtlichen Aufwartung.

Wie wild und voll religiösem Eifer tat er ihm sogleich den Gefallen – und war ihm prompt in die (Bindungs-)Falle geraten.

Selbst von einem ***Kirchenmann*** hätte man eigentlich etwas ***mehr*** Hausverstand erwartet!

„SCHIKANIEREN SIE MICH NICHT!“

„Schikanieren Sie mich nicht, indem Sie mir ständig die Decke wegziehen!“, verwahrte sich Hofrat Euthanasius Krautschuh.

„Sie übersehen dabei nur, Gnädigster, dass Sie in einem ***fremden*** Bette, nämlich ***meinem*** liegen!“, informierte ihn Gemahlin Schlehmilia mit sardonischem Lächeln.

Seines hatte sie ihm nämlich vor die Haustür gestellt!

„SCHIKANIEREN SIE SICH!“

„Schikanieren Sie sich am besten ***unaufhörlich***, damit Ihr Leben Sinn hat. Denn nur ***so*** wird der Allmächtigste Sie am Ende von Ihrem elenden Dasein erlösen!“

Diese „Kurzfassung der katholischen Doktrin“ von Raffaele Juckblut sei wirklich ***jedem*** literarischen Feinschmecker und allen, die dies noch werden wollen, ***wärmstens*** empfohlen.

„SCHIKANIEREN SIE SICH NICHT!“

„Schikanieren Sie sich nicht, indem Sie für mich arbeiten!“, warnte Direktor Agavius Kropfpopsch Fräulein Canaria Plappergrosch bei ihrem Bewerbungsgespräch vorsorglich.

Voll der Bewunderung ob seines vermeintlichen Humors nahm sie die Stelle desto ***lieber*** an.

Was sie freilich alsbald bereuen sollte – denn nicht einmal die ***Kündigung*** war ihr dann mehr möglich …

„FINDEN SIE SICH!“

„Finden Sie sich schleunigst ***wieder***, wenn Sie sich verloren haben!“

„Ach, wie ***gut***, dass es die Ratgeberliteratur gibt!“, seufzte Oberstudienrat Lydius Krautzopf selig.

Und begab sich eifrigst auf die Suche.

„FINDEN SIE SICH NICHT!“

„Finden Sie sich nicht, wenn Sie sich schon gefunden ***haben***!“

„Bin ***ich*** nur zu dämlich, um dies zu verstehen – oder will der Scherzvogel bloß seine Leser veralbern?“, sinnierte Lord Arthur Windlicht kopfschüttelnd während der Lektüre der Novelle „Vom ewigen Suchen“ von Sir Morrison Nebelgicht.

Auch nach mehreren Anläufen vermochte er die Frage nicht „zufriedenstellend“ zu beantworten.

„FINDEN SIE MICH!“

„Finden Sie mich, Fräulein, ich liege unter dem Bett!“, rief Amtsrat Fatimus Luderzwirn seiner Dogge Agathe zu, die im Nebenzimmer auf das Kommando wartete.

Worauf sie nun beide höchst animiert ihr tägliches „Such“-Spiel begannen.

„FINDEN SIE MICH NICHT!“

„Finden Sie mich lieber nicht, denn es könnte ***unangenehm*** für Sie werden!“

„Desto ***angenehmer*** für mich, die Trennung endlich zu besiegeln!“, frohlockte Monsieur Alain Schädelspalt, nachdem er die Nachricht von Madame Nadège gelesen hatte.

Und suchte sich umgehend eine neue Liaison.

DAS LAUNISCHE ROTZMENSCH

Mademoiselle Manon Vorderzupf war wirklich ausgesprochen launisch.

Mal trat sie als Grande Dame in Erscheinung, dann wieder als lausiges Rotzmensch[1] – ganz wie es ihr beliebte.

Seltsamerweise konnte sie sich bis ***zuletzt*** nie so richtig entscheiden, welche Rolle ihr besser stünde.

Danach freilich ***wusste*** sie: „Nie ***wieder*** Rotzmensch – um ***keinen*** Preis!“

---

[1] Ungezogenes Mädchen, Göre

DAS UNGENIERTE ROTZMENSCH

Wiewohl ja die weitaus meisten Rotzmenscher ohnehin als überaus dreist und peinlich empfunden werden, war Demoiselle Elise Schandmüll doch ganz ***besonders*** ungeniert.

Denn wie rüde und derb ihr Verhalten auch war, sie genierte sich ***überhaupt*** niemals dafür – nicht einmal nachträglich oder ansatzweise.

Erst als ihr der ***Teufel*** im Traum die ***Ehe*** antrug – begann sie sich erstmals ein klein wenig zu genieren.

Aber auch nur, weil sie nicht wusste, welches ***Kleid*** sie zur Hochzeit tragen sollte!

DAS RUSTIKALE ROTZMENSCH

Die junge Mizzi Hintergstoder schämte sich ein bisschen für ihre Herkunft und zog deswegen in die Stadt.

Da sie aber natürlich ihre Unsitten und Unmanieren ***mit***übersiedelte, musste sie sich dort dann noch viel ***mehr*** schämen.

„Schade, dass ich (noch) nicht auf den ***Mond*** fliegen kann!“, grämte sie sich.

Und ist damit wahrlich nicht allein. Denn für ***viele*** wäre selbst eine Reise ins ***All*** weit ***erstrebenswerter*** und ***einfacher*** – als sich selber auch nur ein ***klein wenig*** zu ändern!

DAS URBANE ROTZMENSCH

Señorita Castillia Beißzahn konnte sich wahrhaftig kein ***anderes*** Leben vorstellen als in der ***Stadt***.

Nirgendwo sonst bot sich ihr eine solche ***Vielfalt*** an Möglichkeiten, permanent anzuecken und sich auszutoben.

Die Gute hatte eben in ihrer damaligen Beschränktheit nicht die ***geringste*** Ahnung – welch reichhaltiges Leben einen ***drüben*** erst erwartet!

DAS VERHEIRATETE ROTZMENSCH

Mademoiselle Arabelle Gfrettlmayer war mit sich selbst verheiratet.

„Ich erfülle die denkbar besten Voraussetzungen für eine glückliche Ehe: Ich schneide mir täglich die liebevollsten Grimassen und strecke mir, sooft ich nur kann, die Zunge im Spiegel entgegen. ***Mehr*** kann man von einer Beziehung ***wirklich*** nicht erwarten!“, verkündete sie jedem, der dies hören wollte, im Brustton der Überzeugung.

Da ihr Bericht freilich nur den damals aktuellen Status widerspiegelt, ist er beileibe nicht aussagekräftig hinsichtlich des ***Ausgangs*** der Liaison, der leider ***nicht*** überliefert ist.

Und schon gar nicht lässt er Rückschlüsse zu auf die ***spätere*** Bewertung durch die Akteurin selber …

DAS GESCHIEDENE ROTZMENSCH

Signorina Libiana Rinderwahn war derart ***verliebt*** in all ihre Unarten und Laster, dass sie sich glatt ***selbst*** ehelichte.

Wovon sie allerdings im Überschwang der Gefühle zunächst meinte, gar nicht ***genug*** kriegen zu können, wuchs ihr schon bald über den Kopf – sodass sie sich völlig desillusioniert wieder scheiden ließ.

„Wie kann man auch bloß ein ***Rotzmensch*** heiraten!“, wunderte sie sich über sich selber – und ging erst einen Bund ***erneut*** mit sich ein, als sie zu einer richtigen ***Dame*** herangereift war.

Und diesmal ***hielt*** die Verbindung – und sie brauchte auch niemand ***anderen*** mehr …

„VERDAMMEN SIE MICH!“

„Verdammen Sie mich bitte!“, säuselte Mr. Sidney Graurüssel, dem offenbar die Muße über den Kopf „geschwappt“ war, in einer schwachen Stunde.

„Sie ***sind*** bereits verdammt, mein Wertester, schon vergessen? Durch Ihre Ehe mit ***mir***!“

Worauf er Gattin Monisha beglückt einen Kuss gab und sie gemeinsam ihre Verdammnis zelebrierten.

Wahrlich ***seltsame*** Leute, diese Eheleute …

„VERDAMMEN SIE MICH NICHT!“

„Verdammen Sie mich nicht, aber ich habe Ihnen ein Bonbon geklaut!“, gestand Señor Enrico Blattlaus kleinlaut Señora Dorina.

Da ließ sie nochmals Gnade vor Recht ergehen – und verdammte sich lediglich ***selber***.

Dafür, dass sie ihre Wertsachen nicht besser verräumte!

„VERDAMMEN SIE SICH!“

„***Verdammen*** Sie sich unbedingt zuerst, ehe ich in Aktion treten kann!“, unterwies Luzifer den unglückseligen Lord Carson Bettelmaus, der sich zur Hilfe in einer Notlage an ihn gewandt hatte.

Dass der Höllenfürst nichts unversucht lässt, seine Klienten in ihrem Elend noch weiter herabzusetzen, verwundert niemanden.

Nicht nur einem ***Schelm*** drängt sich hier jedoch eine gewisse Parallele zur ***Politik*** auf:

Verdammt sich ja auch das unglückselige ***Stimmvieh*** zuerst selbst dazu, seine jeweiligen „Teufel“ zu ***erwählen***, ehe diese dann ungehindert wüten können – und oft ebenfalls nur sehr ***schwer*** wieder loszuwerden sind …

„VERDAMMEN SIE SICH NICHT!“

„Verdammen Sie sich nicht gleich, weil Sie mich dazu gebracht haben, dass mir die Hand ausrutscht. Das kann doch schon mal passieren!“, besänftigte Madame Frou-Frou Regenluder liebevoll Monsieur Marchais.

Und bot ihm zur Versöhnung an, ihm künftig ***prophylaktisch*** eine zu knallen – damit es gar nicht erst ***kritisch*** würde!

„VERBANNEN SIE MICH!“

„Verbannen Sie mich bitte endlich aus Ihrer Küche!“, drang Monsieur Déjàvu Dreschflegel in Madame Émilie, nachdem er beim Abwasch ***wieder*** zwei Gläser zerbrochen hatte.

Da es aber ihre beiden ***Hochzeits***gläser gewesen waren – sah sie es als durchaus ***geeignetere*** Sanktion an, ihn aus der ***Wohnung*** zu verbannen!

„VERBANNEN SIE MICH NICHT!“

„Verbannen Sie mich nicht aus Ihrem Beichtstuhl, sonst verbanne ***ich Sie*** aus meiner Kirche!“

Was blieb Prälat Nestorino Schlappbrut auch anderes übrig, als Satan weiterhin als „Zaungast“ zu dulden.

Der mit dem allergrößten Pläsier den Sünden der verderbten Christenheit lauschte.

„VERBANNEN SIE SICH!“

„Verbannen Sie sich doch endlich mal aus dem Hause, wenn Sie schon keiner Scheidung in ***Frieden*** zustimmen!“, trieb Lady Ella Greenholz immer wieder ungestüm Lord Yellowhead an.

Und weil er partout nicht einzulenken bereit war, besorgte sie sich eben ein „Hilfsmittel“ aus der Apotheke – und verbannte ihn damit unter die ***Erde***.

„VERBANNEN SIE SICH NICHT!“

„Verbannen Sie sich doch nicht selber aus der Welt, indem Sie sich permanent mit fliegenden Fahnen dem ***Teufel*** anheimstellen!“

Wer nun tatsächlich meint, dass wirklich ***kein*** vernünftiger Mensch Entsprechendes täte – übersieht leider völlig, dass die Menschheit ***per se*** alles ***andere*** als vernünftig ist.

Wie sich nicht nur am ***gegenwärtigen*** Zustande äußerst unschwer erkennen lässt.

„VERBARRIKADIEREN SIE MICH!“

„Verbarrikadieren Sie mich um alles in der Welt!“, flehte Bischof Bernardino Froschgosch zu Amtsbruder Zirbelinus Lachtopf, der ebenso wie er während eines Konzils in der Gästesuite des Vatikans übernachtete.

Hatte er doch panische Angst vor dem dort allgegenwärtigen ***Höllenfürsten*** – und konnte darob partout nicht einschlafen.

Als ihm der Kollege jedoch hinter vorgehaltener Hand offenbarte, dass es ihm ***mitnichten*** besser erginge – büxten sie gemeinsam aus und nahmen sich ein Zimmer im nächsten Hotel.

„VERBARRIKADIEREN SIE MICH NICHT!“

„Verbarrikadieren Sie mich nicht schon wieder – ich will auch einmal teilhaben am gesellschaftlichen Glanz!“, begehrte Mr. Blackhead Sternsack auf, dessen Gattin Velma ihn stets in den Keller sperrte, wenn Besuch angekündigt war.

Sie hatte einfach immer ein „ungutes Gefühl“, ihn herzuzeigen.

Schließlich ließ sie sich aber doch noch erweichen – und prompt brannte er mit ihrer „besten“ Freundin Samantha Hutgack durch!

„VERBARRIKADIEREN SIE SICH!“

„***Verbarrikadieren*** Sie sich möglichst gründlich in den letzten Wochen des Wahlkampfs. Denn die Spitzenkandidaten mitsamt ihren Bütteln würden nicht zögern, Ihnen bis ins ***Schlafzimmer*** hinein ihre Aufwartung zu machen – nur um Sie von ihrer außerordentlichen ***Potenz*** zu überzeugen!“

Der so die Öffentlichkeit warnende Medienwissenschaftler Prof. Pythagoras Lichtgas stand selber leider nie für eine Wahl zur Verfügung. Sonst hätte er sie vermutlich ***haushoch*** gewonnen.

Oder wäre – Gott behüte! – vielleicht gar ***selbst*** korrumpiert worden.

„VERBARRIKADIEREN SIE SICH NICHT!“

„Verbarrikadieren Sie sich nicht wieder in irgendeiner Hundehütte – denn je länger ich Sie suchen muss, desto ***öfter*** kommt die Reitpeitsche zum Einsatz!“, drohte Rittmeisterin Fidelina Degenspatz Gemahl Capellario, den sie erneut mit ihrer Friseuse Giannetta Schmatzfratz ertappt hatte.

Letztere ***brauchte*** sich übrigens gar nicht erst zu verstecken – ihr hatte sie ***gleich*** die Haare abgeschnitten.

„DRAMATISIEREN SIE MICH!“

„Dramatisieren Sie mich bitte!“, bat der Mime Federico Edelblut den Regisseur Oleg Leichtsturm bei der Probe zu einem neuen Stück.

Der zog ihm daraufhin die Hose herunter – sodass seine ***Holz***beine zum Vorschein kamen.

Was der Aufführung später tatsächlich zum Durchbruch verhelfen sollte.

„DRAMATISIEREN SIE MICH NICHT!“

„Dramatisieren Sie mich nicht jedes Mal!“, beschwerte sich Monsieur Octave Waldknecht bei Prälat Venceslas Dorfhecht, der bei der Beichte selbst das ***nichtigste*** „Vergehen“ über alle Maßen aufbauschte und ständig ***drastischere*** Bußen verhängte.

„Als Kirchenmann ist es meine ***Aufgabe***, zu dramatisieren. Haben Sie dies immer noch nicht begriffen, Sie ignoranter Tropf?!“

Da ***hatte*** er es nun endlich begriffen – und ***beendete*** das Drama, indem er aus der Kirche austrat.

„DRAMATISIEREN SIE SICH!“

„***Dramatisieren*** Sie sich, damit man Sie ***ernst*** nimmt!“

Der Aufforderung des Hochschulprofessors Jeremias Gottloch folgend, trat Signor Simonetto Leuchtschwein den Weg in die Politik an.

Was sich indes als äußerst ***kurzsichtig*** erwies. Denn bei der ***allerersten*** Schlappe nahm ihn dort ***niemand*** mehr ernst!

„DRAMATISIEREN SIE SICH NICHT!“

„Dramatisieren Sie sich doch nicht in einem fort, nur weil Sie ***mich*** geehelicht haben. Sie hätten es viel ***schlimmer*** treffen können, indem Sie dies ***nicht*** getan hätten – denn dann hätten Sie jetzt niemanden, der Sie ***tröstet***. Und einen ***anderen*** hätten Sie wahrlich ***kaum*** je gefunden in Ihrem Zustande!“

Damit sich möglichst ***viele*** angesprochen fühlen können, wird auf die ***Nennung*** der beiden Protagonisten in diesem Drama ganz bewusst verzichtet.

„AKKREDITIEREN SIE SICH NICHT!“

„Akkreditieren Sie sich nicht erst umständlich, Sie kommen für mich ohnehin nicht in Frage!“, fertigte Prinzessin Jutta von Zornfels kaltschnäuzig ihre Freier der Reihe nach ab.

Bis sie dann fatalerweise in Gestalt des Leutnants Alarich von Dornenfranz gerade jenen ***einen*** auserwählte, der sich ***überhaupt*** nicht akkreditiert hatte.

Aus durchaus gutem Grunde – wie sie später leidvoll erfahren sollte …

„AKKREDITIEREN SIE SICH!“

„Akkreditieren Sie sich täglich neu, bevor Sie das Haus verlassen. Und wenn Sie es einmal ***nicht*** mehr (lebend) verlassen, dann erst ***recht***! So bleiben Sie stets weitgehend unbescholten!“

Sein Leben lang versuchte der Soziologe Prof. Delirio Zupfrupf ***vergeblich***, seine Parole schon als Lehrfach an den ***Grundschulen*** zu etablieren.

Ob die Zeit vielleicht ***jetzt*** dafür reif ist?

„AKKREDITIEREN SIE MICH NICHT!“

„Akkreditieren Sie mich bitte nicht, Hoheit!“, flehte Papst Fieberblut der Gloriose, als er nach seinem strahlenden Abgange dem Höllenfürsten gegenüberstand.

„Sie ***wurden*** bereits von befugter Stelle akkreditiert, Verehrtester – aber da Sie mich so nett bitten, will ich nochmals Gnade vor Recht ergehen lassen!“

Mit einem Schlage erwachte der Heilige Vater fassungslos aus seinem Alptraum – und nahm sich sogleich fest vor, sich unter allen Umständen ausschließlich vom ***Allmächtigsten*** akkreditieren zu lassen.

Und gab schon mal vorsorglich sein ***Amt*** auf.

„AKKREDITIEREN SIE MICH!“

„Akkreditieren Sie mich doch bitte!“, ersuchte Mademoiselle Denise Sauergurk Monsieur Alban Pfefferschurk, als sie ihm im Treppenhaus begegnete.

Gerne tat er ihr den Gefallen und griff ihr unter den Rock.

Worauf sie sich herzlichst bedankte und mit stolzgeschwellter Brust weiterging.

Nun war sie endlich akkreditiert – und konnte sich auf die Suche nach einem Bräutigam begeben.

Printed by Books on Demand GmbH, Norderstedt / Germany